Género Ficción

I0810787

Pregunta esencial

¿Cómo podemos proteger la Tierra?

COMPARTAMOS EL VIAJE

Yolanda García
ilustrado por Donald Wu

Capítulo 1 ¡De prisa!

—¡De prisa, niños! ¡Es tarde! No olviden sus loncheras. ¡Vamos! —dijo la Sra. Carter. Emma y Katy terminaron rápido los cereales. Ellas ya tenían sus provisiones listas.

—¡Vamos, José! ¡Es tarde! —protestó Emma.

—¡No encuentro mi mochila! —contestó José.

—¡José! ¡Katy! ¡Emma! ¡Hora de irnos! —volvió a repetir su madre desde el carro.

Una vez más, todo era a las corridas. Cada mañana, la mamá o el papá debían llevarlos en carro a la escuela.

Katy y Emma, con sus mochilas de gran tamaño, corrieron hacia la puerta. José revolvía enormes pilas de ropa en su habitación.

—¿Dónde está mi mochila? —preguntó. Al fin la vio. Estaba detrás de la silla—. ¡La encontré! —gritó José.

—¡RÁPIDO! —llamó su mamá, no tan suavemente esta vez.

José salió corriendo y subió al carro. La mamá tomó la calle y hablaba mientras conducía.

—Repasemos el plan de la tarde. ¿Qué actividades tienen al salir de la escuela? —preguntó.

—Tengo clase de danza —dijo Katy.

—Yo tengo fútbol —dijo José.

—Y yo, clase de arte —dijo Emma.

Su mamá solo suspiró.

AHORA COMPRUEBA

¿Por qué necesita apurarse la familia?

Capítulo 2 Una gran idea

Esa tarde, la Sra. Carter tuvo que recoger a todos. Condujo una gran distancia. Finalmente, llegaron a la casa, y entonces José dijo:

—¡Tengo una idea! —Emma y Katy lo miraron curiosas. Querían escuchar la idea de José.

Detective del lenguaje	¿Cómo sería el verbo en la frase subrayada en la página 6 si el sujeto fuera <u>él</u>?

—En la clase de ciencias, hablamos sobre los carros —dijo José—. Mucha gente conduce al mismo tiempo aunque se deban dirigir al mismo lugar. Eso es malo para el aire que respiramos y malo para la Tierra. Se gasta demasiada gasolina.

—¡Yo sé cuál es tu idea! —dijo Katy orgullosa—. ¡Compartir nuestro viaje a la escuela!

—¡Así es! —dijo José—. Hablemos con los vecinos. Preguntémosle a Evan Gao y a su familia si quieren compartir el viaje. ¿Qué piensan?

Detective del lenguaje	Halla la oración subrayada. Reescribe la oración usando ellos como sujeto.

—Compartir el viaje en carro no nos ayudará a estar listos en la mañana —dijo Emma.

—No, pero imagina que el Sr. o la Sra. Gao te están esperando. ¡Te darías prisa! —dijo la mamá. Esa noche visitaron a sus vecinos.

La familia les comentó a los Gao su plan. ¡A ellos les encantó la idea! Evan Gao y José estaban, incluso, en el mismo equipo de fútbol. Rara vez faltaban a la práctica después de la escuela. Los padres se turnarían para ir a buscarlos.

Los Carter visitaron a otros vecinos. Una familia dijo que llevaría a los niños a la escuela dos veces por semana. Otra familia tenía hijos en la clase de arte de Emma. Otros niños compartían la clase de danza con Katy.

AHORA COMPRUEBA

¿Qué idea tuvo José para usar menos gasolina?

Capítulo 3 Un final feliz

Hicieron un calendario. Mostraba cuándo le tocaba usar el carro a cada familia. La Sra. Carter lo puso en la puerta del refrigerador.

—Mañana le contaré nuestro plan al maestro de ciencias —dijo José—. ¡Se quedará boquiabierto! Estará orgulloso de que cuidemos los recursos de la Tierra mediante este plan.

El Sr. y la Sra. Carter sonrieron. Gracias a la idea de los niños, se deshicieron de un problema.

—¡Espero que José encuentre su mochila! ¡Así estaremos listos a tiempo! —dijo Katy.

AHORA COMPRUEBA

¿Por qué están felices los Carter?

Respuesta a la lectura

Resumir

Usa detalles para resumir *Compartamos el viaje*.

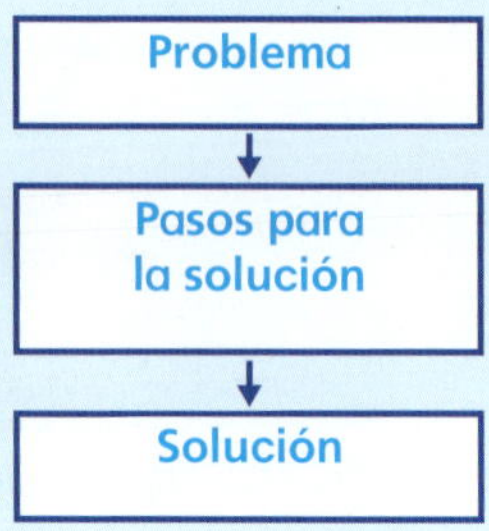

Evidencia en el texto

1. ¿Por qué *Compartamos el viaje* es de ficción? **Género**
2. ¿Cómo se resuelve el problema de los personajes? **Problema y solución**
3. ¿Qué palabra de la página 7 suena como *tubo* pero tiene otro significado? **Homófonos**
4. Escribe sobre el problema de los Carter. **Escribir sobre la lectura**

Género **Texto expositivo**

Compara los textos

Lee sobre cómo podemos mantener puro el aire.

Campaña por el aire puro

Rango de calidad del aire	Condiciones del aire
Cuando está en este rango...	...las condiciones son:
0–50	Buenas
51–100	Moderadas
101–150	No saludables para grupos sensibles
151–200	No saludables
201–300	Muy nocivas
301–500	Peligrosas

Esta tabla presenta un informe diario del aire en tu ciudad.

La campaña por el aire puro comenzó en el estado de Georgia. Protege uno de los recursos más importantes de la Tierra: el aire que respiramos.

¿Cómo podemos proteger el aire? Usar menos el carro puede ayudar. Una idea es ir a ciertos lugares en bicicleta o monopatín. Así se preserva el suministro de gasolina. Esto ayuda a mantener limpio el aire.

Cuánta energía utilizan los medios de transporte

Esta gráfica muestra la cantidad de energía (BTU) que consume cada tipo de transporte.

En algunos lugares, la gente va a la escuela o al trabajo en metro o autobús. Eso también ayuda a mantener limpio el aire.

Haz conexiones

Al compartir los viajes en carro, ¿cómo ayudamos a proteger la Tierra? **Pregunta esencial**

¿Cómo podemos mantener limpio el aire? **El texto y otros textos**

Enfoque:

Ciencias

Propósito Hallar maneras de proteger el medio ambiente

Paso a paso

Paso 1 Piensa cómo puedes salvar la Tierra.

Paso 2 Anota tres ideas para proteger los recursos de la Tierra.

Paso 3 Haz un dibujo de cada idea. Compártelos con un compañero o una compañera.

Conclusión Cuelga los dibujos en tu casa. Pide a tu familia que intente poner en práctica tus ideas.